UMBERTO ECO

Bücher sprechen über Bücher

Aus dem Italienischen
von Anna Leube

Carl Hanser Verlag

BÜCHER SPRECHEN
ÜBER BÜCHER

Das Sammeln alter Druckwerke kommt wieder in Mode. Das ist merkwürdig in einer Zeit, die vom Aufbruch ins elektronische Publizieren gekennzeichnet ist. Oder vielleicht ist genau das der Grund: Wenn ein Gegenstand im Verschwinden begriffen ist, werden die übriggebliebenen Exemplare zusammengetragen.

Die Sammelwut betrifft die unterschiedlichsten Gegenstände: Die römischen Patrizier sammelten antike griechische Objekte (auch falsche); in den Katalogen von Christie's liest man von Auktionen, in denen ein Paar Socken, die dem Herzog von Windsor gehörten, für Millionen versteigert werden; geht man auf den Flohmarkt, so trifft man leidenschaftliche Sammler, die nach Telefonkarten suchen, nach Freimaurergegenständen, Postkarten, Aufklebern, alten Minischecks, Schlüsseln, Coca-Cola-Flaschen, Rasierklingen, Diplomen, »mignonnettes«, Einwickelpapier für Obst oder Zuckertütchen.

   Natürlich grenzt so etwas an Wahnsinn, während es sich beim Sammeln alter Bücher um etwas ganz anderes handelt. Das können äußerst teure Werke aus dem 15. Jahrhundert ebenso sein wie durchaus erschwingliche Erstausgaben des 20. Jahrhunderts. Es gibt einen Buchtyp, der sich »books on books« nennt, »Bücher über Bücher«. Im 19. Jahrhundert taten sich dabei besonders die Franzosen hervor, man denke an Bibliophile wie Nodier, aber von Beginn des 20. Jahrhunderts an erlebte das Genre in den angelsächsischen Ländern eine Hochkonjunktur.

Gewiss reden unzählige Bücher von anderen Büchern, zum Beispiel die Literaturgeschichten, doch bezieht sich das Genre »Bücher über Bücher« auf die Geschichte des Buchs und das Sammeln von Büchern und betrifft auch recht ausgefallene »Nischenstudien« wie Werke über Widmungen oder Vorworte in Büchern aus dem 17. Jahrhundert.

Um eine Vorstellung davon zu bekommen, wie viele Bücher über Bücher auch in Italien in Umlauf sind, braucht man sich nur den Katalog des verdienstvollen (und leider sehr auf der Kippe stehenden) Verlags Sylvestre Bonnard anzusehen (benannt nach einem von Anatole France erdachten Bibliophilen), der von Vittorio di Giuro gegründet wurde und von ihm geleitet wird. Die Liste (www.edizionibonnard.it) umfasst über 120 Titel, vom Werk Graftons über die Fußnote bis hin zu einer Geschichte der Einbandkunst von Petrucci Nardelli, und dazu gehören auch die Kriminalromane von Hans Tuzzi, nicht nur Verfasser eines grundlegenden Werks über das Sammeln von alten, seltenen und wertvollen Büchern, sondern auch Autor von Detektivgeschichten, die häufig in der Welt der Antiquare spielen.

In letzter Zeit ist mir aufgefallen, dass zumindest in Italien dieses Genre wiederaufzuleben scheint. Zwischen 2012 und 2013 erschienen »Collezionismo librario e biblioteche d'autore. Viaggio negli archivi culturali« [Büchersammlungen und Autorenbibliotheken. Reise in die kulturellen Archive] in den Quaderni di Apice 5 und »Lo scaffale infinito« [Das unendliche Bücherregal] von Andrea Kerbaker im Verlag Ponte alle Grazie. Es sind Studien, in denen Bibliophile von Petrarca über Kardinal Mazarin, Madame de Pompadour oder Monaldo Leopardi bis hin zu Borges porträtiert werden. Das soeben publizierte Werk »Per hobby e per passione« [Als Hobby und Leidenschaft] von Giulietta Rovera (Manni Verlag) beschränkt sich nicht auf die Sammler von Inkunabeln, sondern beschäftigt sich auch, wie der Untertitel vermerkt, mit »fanatischen Barbie-Liebhabern, Manuskriptdieben, Sexmaniacs und Schmetterlingssammlern«. Auch Werke sogenannter Spinner werden gesammelt, die unter Umständen noch rarer sind als eine Erstausgabe von Tassos »Befreitem Jerusalem«, und erst vor wenigen Monaten veröffentlichte Paolo Albani, ein Sammler verschiedener Missbildungen, beim Verlag Quodlibet »I mattoidi italiani« [Die italienischen Spinner] und führte somit ein Genre in Italien ein, das in Frankreich bereits die Reihe der »verrückten Literaten« Brunet, Nodier, Queneau und Blavier hervorgebracht hatte.

Warum dieses große Interesse am Büchersammeln ausgerechnet in dem Augenblick, da jeder Journalist darauf brennt, jemanden zu interviewen, der das Ende des gedruckten Buchs und seine Ablösung durch das elektronische verkündet? Die nächstliegende Antwort lautet: Gerade deshalb, weil man in dem Moment, da ein Objekt vom Markt verschwindet, mit dem Sammeln der übrigen Exemplare beginnt. Diese Antwort erscheint mir jedoch nur begrenzt zutreffend, da das Sammeln von Büchern auch florierte, als laufend gedruckte Bücher publiziert wurden. Die überzeugendere Antwort ist vielleicht die: Angesichts der freilich törichten apokalyptischen Drohung, das Buch werde verschwinden, erwacht (und erblüht) erneut die Liebe zu diesem magischen Objekt, das uns schon vor der Erfindung des Buchdrucks begleitet hat, und gerade der Schauder bei der Vorstellung, diese Objekte könnten verschwinden, legt uns nahe, von den Büchern zu sprechen, die bewiesen haben, dass sie über ein halbes Jahrtausend überleben konnten.

DAS VERGNÜGEN
AN DER VERZÖGERUNG

In der Ära der Geschwindigkeit und des speed reading lohnt es sich, wieder die Schönheit der langsamen Lektüre zu entdecken. Um nicht nur Manzoni oder Proust, sondern auch Kundera oder McEwan besser zu verstehen.

Als ich vor ungefähr zwanzig Jahren in Harvard meine Norton Lectures hielt, fiel mir ein, dass acht Jahre vor mir Italo Calvino sie hätte halten sollen, der jedoch gestorben war, bevor er die sechste Vorlesung geschrieben hatte. (Seine Texte wurden dann unter dem Titel »Amerikanische Lektionen« veröffentlicht.) Als Huldigung an Calvino war ich von der Vorlesung ausgegangen, in der er die Geschwindigkeit rühmte, hatte aber auch daran erinnert, dass seine Apologie der Geschwindigkeit keineswegs das Vergnügen an der Verzögerung ausschloss, und daher diesem Thema eine Vorlesung gewidmet.

Die Verzögerungstechnik behagte nicht jenem Monsieur Humblot, der im Namen des Verlags Ollendorf das Manuskript von Prousts »Recherche« mit der Begründung ablehnte: »Vielleicht bin ich ja schwer von Begriff, aber ich kapiere wirklich nicht, wie ein Mensch dreißig Seiten brauchen kann, um zu beschreiben, wie er sich vor dem Einschlafen im Bett hin und her wälzt.« Wir können ohne das Vergnügen an der Verzögerung die Lektüre Prousts nicht genießen. Aber von Proust einmal abgesehen, fiel mir ein typischer Fall von Verzögerung in Manzonis »Brautleuten« ein.

Don Abbondio kehrt nach Hause zurück, in sein Brevier vertieft, und sieht etwas, was er nie und nimmer hätte sehen wollen, nämlich zwei Bravi, die ihn erwarten. Ein anderer Autor würde nun sofort unsere Ungeduld als Leser befriedigen wollen und uns auf der Stelle sagen, was passiert. Hingegen erklärt uns Manzoni auf mehreren Seiten, was damals »Bravi« waren – und als er damit fertig ist, überlegt er noch eine Weile, zusammen mit Don Abbondio, der zwei Finger in den Kragen schiebt, um nach hinten zu schauen, ob jemand ihm zu Hilfe kommen könnte. Und schließlich fragt sich Don Abbondio »Was tun?« (lange vor Lenin).

War es notwendig, dass Manzoni diese historischen Erläuterungen einfügte? Er wusste sehr wohl, dass der Leser versucht sein würde, sie zu überspringen, und jeder Leser der »Brautleute« hat das auch getan, zumindest bei der ersten Lektüre. Nun gehört aber auch die Zeit, die man braucht, um ein paar Seiten zu überblättern, zu einer erzählerischen Strategie. Die Verzögerung erhöht nicht nur die Angst Don Abbondios, sondern auch die Unruhe von uns Lesern, und dadurch wird die Handlung spannender. Und wer wollte behaupten, die »Göttliche Komödie« sei nicht eine Geschichte voller Verzögerungen? Dantes Reise könnte sich wie in einem Traum auch in einer einzigen Nacht abspielen, doch um am Ende zur Apotheose zu gelangen, müssen wir uns hundert Gesänge lang gedulden.

Die Technik der Verzögerung setzt eine gemächliche, keine schnelle Lektüre voraus. Zum Thema der Schnelllese-Technik, bei der ein Text diagonal überflogen wird, äußerte sich Woody Allen ungefähr folgendermaßen: »Ich habe ›Krieg und Frieden‹ gelesen. Es handelt von Russland.«

Anna Lisa Buzzola widmet ihr im Verlag Scripta erschienenes Buch »Lettura lenta nel tempo della fretta« [Langsame Lektüre in Zeiten der Eile] der langsamen Lektüre, doch sie begnügt sich nicht damit, die Rückkehr zu einem entspannten Lesen herbeizuwünschen. Sie verknüpft das Problem mit der Thematik der Geschwindigkeit in der heutigen Zeit und mit den anthropologischen Untersuchungen, die dazu gemacht wurden, und sie stellt ihr Thema ins Zentrum einer Reihe hilfreicher Praktiken, zu denen sogar die Slow-Food-Bewegung gehört.

Was die Literatur betrifft, so untersucht Buzzola (wie schade, dass man aufgrund falsch verstandener politischer Korrektheit heute nicht mehr »die« Buzzola sagen darf, so wie man einst, auch im Ausland, von »der« Callas sprach) die Theorien von Genette, Sklovskij und anderen. Sie analysiert auch ausführlich die Werke von Javier Marías, Ian McEwan, Bufalino, De Luca, Saramago, Kundera, Delerm, Rumiz und Baricco. Und die Ehrlichkeit des Rezensenten gebietet mir zu sagen, dass sie sich freundlicherweise auch mit mir beschäftigt und dem Verweilen bei der Lektüre schwindelerregender Listen.

Sie entwickelt daraus eine Phänomenologie der Verzögerungstechniken, und am Ende entsteht beim Leser das Bedürfnis, zu lernen, wie man langsamer liest – auch wenn er dreißig Seiten lang braucht, um zu begreifen, wie sich jemand vor dem Einschlafen im Bett hin und her wälzt. Abgesehen von Anmerkungen und Bibliographie umfasst das Buch nur 130 Seiten, und man kann es mit der gebührenden Langsamkeit lesen.

DAS KOMPLOTT
ÜBER DIE KOMPLOTTE

Hanebüchene Verschwörungstheorien haben Erfolg, weil sie ein Wissen versprechen, das allen anderen versagt bleibt. Sie können aber auch dazu dienen, die Aufmerksamkeit auf imaginäre Fakten zu lenken – und die wahre Verantwortung der Herrschenden verbergen.

Massimo Polidoro, einer der aktivsten Mitarbeiter des Cicap (Comitato Italiano per il Controllo delle affermazioni sulle Pseudoscienze – Italienisches Komitee zur Überwachung der Behauptungen über die Pseudowissenschaften) und der Zeitschrift »Query«, veröffentlicht beim Verlag Piemme »Rivelazioni. Il libro dei segreti e dei complotti« [Enthüllungen. Das Buch der Geheimnisse und der Komplotte], eines von vielen Büchern, die er über abstruse Theorien geschrieben hat, die in den Massenmedien und sogar in den Köpfen von Menschen zirkulieren, die wir gewöhnlich für Verantwortungsträger halten.

Vermutlich hofft Polidoro, mit diesem reißerischen Titel all jene zu verführen, die sich leidenschaftlich für jede Art von Geheimnis begeistern, das heißt diejenigen, von denen John Chadwick, der Entzifferer der mykenischen Schrift, der sogenannten Linearschrift B, sagt: »Der Wunsch, Geheimnisse zu enthüllen, ist tief in der menschlichen Natur verankert: das Versprechen, an geheimen, anderen Personen vorenthaltenen Kenntnissen teilzuhaben, erregt selbst denjenigen, der nicht die geringste Neugier zeigt.«

Gewiss gibt es einen gewaltigen Unterschied zwischen dem Entziffern einer Schrift, die in der Vergangenheit für manche Menschen einen Sinn ergab, und der Vorstellung, die Amerikaner seien nie auf dem Mond gelandet, der elfte September sei ein Verschwörung von Bush oder gar der Juden gewesen, oder es gebe einen Da-Vinci-Code. Aber genau an diese Spezies von Sektierern wendet sich Polidoro, und nicht nur aufgrund einer (durchaus legitimen) kommerziellen Spekulation. In lockerem Ton geschrieben, geben die kurzen Kapitel zwar zunächst großen Anlass zur Hoffnung, aber am Ende läuft es doch darauf hinaus, dass das Komplott zum Mord an Kennedy, das wahre Ende Hitlers, das Geheimnis von Rennes-le-Château, Jesu Hochzeit mit Maria Magdalena nichts anderes sind bzw. waren als erlogene Geschichten.

Warum haben sie solchen Erfolg? Weil sie ein anderen Menschen vorenthaltenes Wissen versprechen und aus vielen anderen Gründen, wobei sich Polidoro an Poppers berühmten Essay zur Sozialtheorie der Verschwörung hält. Und er zitiert auch die Studien von Richard Hofstadter, denen zufolge man die Lust am Komplott interpretieren muss, indem psychiatrische Kategorien auf soziales Gebiet angewendet werden. Es handelt sich um zwei Erscheinungen der Paranoia, wobei der Unterschied darin besteht, dass der Paranoiker im psychiatrischen Sinn wähnt, die ganze Welt habe sich gegen ihn verschworen, während der Paranoiker im sozialen Sinn glaubt, die Verfolgung durch verborgene Mächte richte sich gegen die eigene Gruppe, die eigene Nation, die eigene Religion. Der letztere ist, meine ich, gefährlicher als der erstere, weil er feststellt, dass seine Obsessionen von Millionen anderer Menschen geteilt werden, und den Eindruck hat, er verhalte sich völlig unparteiisch gegenüber der Verschwörung. Das erklärt vieles, was heute in der Welt passiert, nicht nur vieles andere, was früher passiert ist.

Polidoro zitiert auch Pasolini, dem zufolge wir uns für Verschwörungen begeistern, weil uns das die Konfrontation mit der Wahrheit erspart. Nun könnte es uns ja kaltlassen, dass die Welt von Anhängern von Verschwörungstheorien wimmelt – wenn einer glaubt, die Amerikaner seien nicht auf dem Mond gewesen, dann ist das eben sein Pech. Aber unlängst haben Daniel Jolly und Karen Douglas in einer Studie festgestellt: »Wird man mit Informationen beliefert, die Verschwörungstheorien unterstützen, so neigt man weniger zu politischem Engagement als derjenige, der Informationen erhält, die Verschwörungstheorien ablehnen.« Ist man freilich überzeugt, die Weltgeschichte werde von Geheimgesellschaften gelenkt, seien es nun die Illuminaten oder die Gruppe Bilderberg, die eine neue Weltordnung herbeiführen wollen, was soll man da noch machen? Ich kapituliere und ärgere mich schwarz. Daher verweist jegliche Verschwörungstheorie die öffentliche Phantasie auf imaginäre Gefahren und lenkt sie damit von den echten ab. So hat schon Chomsky einmal, indem er sich geradezu eine Verschwörung der Verschwörungstheorien ausdachte, darauf hingewiesen, dass diejenigen, denen die phantastischen Einbildungen von einem angeblichen Komplott am meisten nützen, ebendie Institutionen sind, die die Verschwörungstheorie treffen möchte. Mit anderen Worten: Stellt man sich vor, Bush habe die Twin Towers zum Einsturz bringen lassen, um den Einmarsch im Irak zu rechtfertigen, dann ist man zwischen verschiedenen Halluzinationen hin- und hergerissen und analysiert nicht mehr die wahren Gründe, weshalb Bush im Irak interveniert hat, auch nicht den Einfluss, den die Neokonservativen auf ihn und seine Politik gehabt haben.

Das könnte den Verdacht schüren, Nachrichten über die Verschwörung Bushs gegen die Twin Towers seien ausgerechnet von Bush verbreitet worden. Aber so weit wollen wir dann doch nicht gehen.

ALS DIE FÜNZIGJÄHRIGEN
NOCH ALT WAREN

Wer früher als alt oder beinahe alt betrachtet wurde, steht heute in der Blüte seiner Jahre. Wenn jedoch einem älteren Menschen gekündigt wird, bekommt er keinen Job mehr. Gehen wir einer Zukunft entgegen, in der die Eltern auf Kosten ihrer Kinder leben werden?

Anfang der siebziger Jahre, als ich auf die vierzig zuging, erzählte ein Freund mir und meiner Frau, er werde demnächst fünfzig. Wir betrachteten ihn erstaunt und auch mit einem gewissen Unbehagen: Er war der älteste Freund, den wir bis dahin gehabt hatten. Fünfzig, das war ein ehrwürdiges Alter, und er war ein älterer Herr. Nach ungefähr zehn Jahren wurde auch ich fünfzig, doch mein Umfeld, ich würde sagen, die allgemeine Einschätzung, hatte sich bereits verändert: Mit fünfzig war man jetzt erwachsen und im Vollbesitz seiner Kräfte, doch man dachte noch längst nicht ans Greisenalter. Im Gegenteil, ich selbst war im Begriff, ein zweites Leben, das des Schriftstellers, zu beginnen, und fühlte mich daher als Debütant.

Heute duzen sich Fünfzigjährige, wenn sie sich kennenlernen, so wie wir es mit zwanzig taten. Sie betrachten sich als junge Erwachsene, die noch viele Jahrzehnte der Aktivität vor sich haben. Andererseits hatten mir Gerontologen, Universitätskollegen, schon vor einiger Zeit gesagt, für sie beginne das Alter mit fünfundsiebzig, und heute habe ich über neunzigjährige Freunde, deren Energie mich kein bisschen erstaunt, und sogar einen Freund, der deutlich agiler ist als ich und vor kurzem hundertvier geworden ist. Wenn man bedenkt, dass in meiner Kindheit ein Hundertjähriger mit seinem Foto in die »Domenica del corriere« kam, so wie die Kürbisse, die fünfzig Kilo wogen, und die Kälber mit zwei Köpfen …

Das bedeutet, dass die Latte, was das Alter betrifft, in einem halben Jahrhundert sehr viel höher gelegt worden ist, und es würde mich nicht wundern, wenn sich im Lauf der Jahrzehnte ein Hundertjähriger im Jahr 2050 neugierig fragen würde, was er in den fünfzig Jahren anfangen soll, die ihm noch bleiben.

Handelte es sich nur darum, so könnten wir einen biologischen Triumph feiern, der sich, wie wir wissen, vielen Faktoren verdankt – besserer Ernährung, erstaunlichen Entwicklungen in der Medizin, weithin verbreiteten Vorsorgeuntersuchungen. Natürlich gilt dies nur für die westlichen Länder, in Afrika werden weiterhin Kinder hungers sterben, doch wir sprechen von unseren Breitengraden. Hier nämlich tritt auf, was wir ein Gegenphänomen nennen könnten. Wir haben ja gesehen, dass in Krisenzeiten, wenn Firmen pleitegehen, schließen oder drastisch Personal abbauen, plötzlich Menschen, die fünfzig oder darüber sind, von vorn anfangen müssen, aber niemand sie haben will, auch wenn sie über eine große Erfahrung verfügen, möglicherweise in führender Stellung. Sie landen dann in einem undefinierten Bereich, in dem sie noch keinen Anspruch auf Pension haben, aber auch nicht mehr interessant als Arbeitskräfte sind.

Dass die Firmen auch keine jungen Leute einstellen, ist ein vorübergehender, der Krise geschuldeter Umstand. Aber wenn die Krise einmal vorbei sein wird, wird sich der Arbeitsmarkt wieder für die Dreißigjährigen öffnen, nicht für die über Fünfzigjährigen.

Wie das? Die über Fünfzigjährigen sind mittlerweile junge

Leute, und doch will sie der Markt nicht mehr? Nun ja, wir erleben eine Art Widerspruch zwischen biologischem und soziologischem Alter. Dank der Biologie bleiben wir zwar immer jünger, doch konnte sich das gegenwärtige Empfinden dieser natürlichen Evolution noch nicht anpassen, so dass die Fünfzigjährigen in sozialer Hinsicht noch immer als alt und folglich unrentabel gelten.

Lassen wir einmal die Misere einer Krisenzeit wie der jetzigen beiseite (in der die Zwanzig- bis Dreißigjährigen eigentlich im Arbeitsmarkt integriert sein müssten, doch es ist kein Geld da, erst recht also nicht für die Fünfzigjährigen, selbst wenn wir sie noch für verwendungsfähig hielten). Würde sich die Situation wieder normalisieren, würde sich dann die öffentliche Meinung der biologischen Entwicklung angleichen, oder würde man die gleichen Überlegungen anstellen wie zu der Zeit, als Hundertjährige noch Schlagzeilen machten? Sollte die pessimistischste Hypothese sich bewahrheiten, so gäbe es, so wie es heute eine riesige Masse junger Leute gibt, die in der Hoffnung auf eine Arbeitsstelle auf irgendeinem Abstellgleis warten und von Alten ausgehalten werden, die noch nicht aus dem Produktionszyklus ausgeschlossen wurden (oder aber Rente bekommen), eine riesige Masse (ganz jugendlicher) arbeitsloser Fünfzigjähriger, die, vermutlich auf Kosten ihrer Kinder, auf einem Abstellgleis warten.

WAS SICH IM UNIVERSUM
AUSEINANDERFALTET

Von den Ebla-Täfelchen bis zu den Papyri von Alexandria, vom China des zweiten Jahrhunderts bis zur Yale University. Trotz des Vormarschs des E-Book wird es immer Bibliotheken geben, denn sie enthalten das, was dem göttlichen Geist am ähnlichsten ist.

Hin und wieder, wenn man mir sagt, elektronische Texte würden unweigerlich das gedruckte Buch ablösen, antworte ich polemisch, dass ich mir nichts Besseres wünschen könne. Meine private Bibliothek, die ungefähr fünfzigtausend Bände umfasst, einschließlich der Mickymaus-Alben, würde dann nämlich zu einer archäologischen Fundgrube und könnte von meinen Erben für etliche Millionen verkauft werden. Leider – oder vielleicht auch zum Glück – werden meine gedruckten Bücher aber auf dem Flohmarkt landen (oder, wie Manzoni erzählte, auf den Mäuerchen), denn ich bin überzeugt, dass es auf Papier gedruckte Bücher weiterhin geben wird. Aber auch wenn sie in Zukunft überleben werden, stellen die großen Bibliotheken der Welt doch schon jetzt einen unermesslichen Schatz dar, nicht zuletzt wegen ihrer grandiosen Architektur.

Diesen Orten (weniger den Büchern) hat James Campbell nach dem Besuch von 82 Bibliotheken in 21 Ländern das Buch »La biblioteca. Una storia mondiale« [Die Bibliothek. Eine Universalgeschichte] gewidmet, das nun, bebildert mit den prächtigen Fotografien von Will Price, bei Einaudi erschienen ist. Der Prachtband kostet 75 Euro, was sich diejenigen, die auf Renzis achtzig Euro Kindergeld Anspruch erheben, vielleicht nicht werden leisten können. Doch man könnte ihn gratis durchblättern – und wo? In der Bibliothek.

Die Fotos sind herrlich, genauso wie die Orte, die sie abbilden, doch auch der Text bietet viele Entdeckungen. Wir erfahren von der vermutlich ältesten Bibliothek der Welt in Ebla in Syrien, die schon etwa 2330 vor Christus von Invasoren zerstört wurde, aus der jedoch noch Bruchstücke von Tausenden Täfelchen erhalten sind, und von der Bibliothek des Assurbanipal, ebenfalls auf Tontäfelchen aufgezeichnet. Doch ab 500 vor Christus wird Papyrus hergestellt, und aus Papyrusrollen bestand im zweiten Jahrhundert vor Christus die Bibliothek von Pergamon wie dann auch die berühmte und sagenumwobene Bibliothek von Alexandria, von der es hieß, sie habe 700 000 Rollen umfasst (es waren wohl eher 10 – 15 000). Es wurde behauptet, sie sei 641 von einem moslemischen Emir in Brand gesteckt worden, der erklärte, jene Bücher erzählten entweder das Gleiche wie der Koran und seien daher überflüssig, oder sie sprächen von anderen Dingen und müssten folglich zerstört werden. Völliger Unsinn natürlich, denn dieser Vorgang hätte sich ungefähr tausend Jahre nach der Gründung der Bibliothek ereignen müssen, und Papyrus zerfällt lange vorher. (Vielleicht ist die Bibliothek aus diesem Grund verschwunden.)

Es folgt die Geschichte des Papiers, das wahrscheinlich im zweiten Jahrhundert nach Christus in China erfunden wurde und erst im 14. Jahrhundert nach Europa gelangte. Man sagt, um dieselbe Zeit sei der kaiserliche Hof in China jährlich mit 700 000 Blatt Toilettenpapier beliefert worden, und ich glaube nicht, dass das iPad eines Tages dieselbe Funktion übernehmen kann.

Die Geschichte der Bibliotheken geht weiter bis zum heutigen Tag, was nicht zuletzt die Tatsache belegt, dass im Jahr 2010 im Vereinigten Königreich 229 Millionen Bücher im Vergleich zu 162 Millionen im Jahr 2001 verkauft wurden, wie Campbell feststellt. Nicht übel als Abgesang auf das gedruckte Buch. Als persönliche Erinnerung möchte ich die Rokoko-Bibliothek von Coimbra erwähnen, wo die Tische wie Billardtische von grünem Filz bedeckt sind, damit sie vor dem Kot der Fledermäuse geschützt sind. Und warum lässt man die Fledermäuse frei herumschwirren? Weil sie nachts die Bücherwürmer fressen. Außerdem erwähnen möchte ich noch die Beinecke Library der Yale University, wo vor einem Jahr bei einem Abendessen anlässlich der Fünfzig-Jahr-Feier der Bibliothek direkt hinter meinem Stuhl ein Pult stand, auf dem das erste jemals in Lettern gedruckte Buch auslag, die Gutenberg-Bibel. Dann noch die Eisenkonstruktion der Bibliothek Sainte-Geneviève in Paris, wo ich einen großen Teil meiner Doktorarbeit geschrieben habe, unter dem tröstlichen Licht der Lampen mit Schirmen aus Opalglas, die auch die Tische vieler anderer Bibliotheken auf der ganzen Welt mit ihrem freundlichen Schein erhellen. Und rühmen will ich auch die Metallstrukturen der ebenfalls von Labrouste geschaffenen alten Bibliothèque Nationale von Paris. Besonders in der Zeit der Gaslampen verhinderte im Übrigen das Eisen, dass eine moderne Bibliothek den Flammen zum Opfer fiel, wie es in der Antike so oft geschehen war.

Nicht die einzelne Bibliothek, doch die Gesamtheit der Bibliotheken des ganzen Universums ist vielleicht das, was dem Geist eines allwissenden Gottes am ähnlichsten ist. Nicht deshalb, weil Borges es vermutet hat, sondern weil Dante, als er der seligmachenden Vision teilhaftig wurde, in einem Band zusammengefasst gesehen hat, »was sich im Universum auseinanderfaltet«.

WOZU AUF EINMAL PLATO?

Wie erklärt sich die Anwesenheit von Menschenmassen bei Kulturfestivals, die sich anhören, was früher einmal bloß stinklangweilige Konferenzen gewesen wären? Es ist der Wunsch nach Gemeinschaft, der Wunsch, Dichter und Philosophen leibhaftig zu erleben. Dem Fernsehschund zum Trotz.

Wozu auf einmal Plato? Mit dem Ende des Herbstes enden wohl auch diese Jahrmärkte der Gedanken, die im September ihren Höhepunkt erreichen. Ich spreche von den diversen Kulturfestivals wie dem Literaturfestival in Mantua, dem Philosophiefestival in Modena, dem Festival des Geistes in Sarzana, dem der Kommunikation in Camogli, dem Pordenonelegge – und dabei habe ich etliche gar nicht erwähnt, die vielleicht nicht so groß angelegt, doch nicht weniger gelungen sind.

Wer noch nie ein solches Festival besucht hat, macht sich kaum eine Vorstellung, wie es aussieht, wenn in einer ganzen Stadt, bevölkert von zum Teil von weit her angereisten Besuchern, in jedem Winkel, jedem Saal, jedem Theater etwas geschieht, manchmal mehrere Ereignisse gleichzeitig, und die später Gekommenen sich stehend drängen, um sich ein, zwei Stunden lang einen Vortrag anzuhören. (Heute nennt sich so etwas »lectio magistralis«, aber letztlich ist es doch immer noch ein Mann oder eine Frau, die an einem Tisch sitzen und von komplizierten Dingen sprechen.)

In meiner Jugend hielt man Vorträge für etwas Stinklangweiliges, was sich in halbleeren kleinen Sälen abspielte. Und als ich als Erwachsener feststellte, dass man in Deutschland ein paar Mark bezahlte, um sich einen Autor anzuhören, der die eigenen Texte vortrug, fragte ich mich, ob die Leute verrückt waren. Denn bei uns wären die Leute nicht einmal, wenn man sie bezahlt hätte, zum Vortrag eines Dichters gegangen. Dann brachen aber andere Zeiten an, und zwar zu Beginn der achtziger Jahre, als in Cattolica Konferenzen mit dem Titel »Was treiben heutzutage die Philosophen?« abgehalten wurden. Man bezahlte Eintritt, und mit dem Bus trafen Zuhörer aus den Nachbarstädten ein. Das war eine grundlegende Neuerung, und von da an begann ein unaufhaltsamer Prozess.

Wer sich nie mit diesem Thema beschäftigt hat, mag sich fragen: »Wie kommen sie bloß dazu?«, doch handelt es sich in all diesen Städten um Tausende von Personen, die an manchen Orten Eintritt bezahlen, an anderen nicht, jedenfalls aber von auswärts anreisen und für Fahrtkosten, Aufenthalt und Restaurants aufkommen müssen, um Vorträgen und Diskussionen beizuwohnen, die früher auf Hörsäle von Universitäten beschränkt waren. Es handelt sich also nicht um ein paar wenige Fans oder ein paar Snobs. Zusammen bilden sie eine Masse. Wonach suchen sie?

Die Motive sind vermutlich vielfältig. Zunächst einmal sind die Leute (zumindest viele Leute) nicht so dumm, wie die Produzenten von Fernsehschund und die Herausgeber von Hochglanzmagazinen denken, in denen es um die Affären von Schauspielerinnen und Fußballspielern geht. Sie wollen etwas Richtiges zu beißen haben. Ihr wollt mich füttern mit Big Brother? Nun, ich hätte gern ein bisschen Plato. Es kommt einem übertrieben vor, doch die Zahlen sprechen eine klare Sprache: Sehr viele Menschen möchten an »nachhaltigen« Erfahrungen teilhaben. Auch das touristische Element spielt sicher eine Rolle, doch geht es nicht um den Familientourismus, um Leute, die den aus der Werbung bekannten Mulino Bianco sehen wollen (auch wenn Sie es nicht glauben: Es gibt ihn, und es gibt auch Leute, die dorthin fahren). Auch viele junge Leute gehen zu solchen Veranstaltungen, zum Teil sind es jene, die wegen des Kurzstudiums Nachholbedarf haben. Als weiteres Element kommt hinzu, dass diese Leute leibhaftigen Menschen begegnen wollen. Klar, wenn man ins Internet geht, findet man die Texte von vielen der Autoren, die auf den diversen Festivals auftreten, und vielleicht kann man sie sogar sehen, wenn sie im Fernsehen daherlabern, und wenn es einem gefallen oder auch nicht gefallen hat, kann man es irgendeinem phantomatischen elektronischen Korrespondenten über Twitter oder Facebook mitteilen. Doch das genügt ganz offenkundig nicht: Es gibt ein tief verwurzeltes Bedürfnis nach direktem Kontakt, nach physischer Nähe. Gehört auch Starkult dazu? Teilweise ja, ich kann den Autor, den ich verehre, höchstpersönlich sehen, ihn um ein Autogramm oder auch ein Selfie bitten; letztlich wollen diese Fans einen Philosophen oder einen Dichter und nicht eine Fernsehansagerin sehen.

Schließlich kommt wohl auch das Bedürfnis nach Gemeinschaft hinzu, der Wunsch, uns in jemandem wiederzuerkennen, der die gleichen Vorlieben und Probleme hat wie wir, das Bedürfnis nach einem Gedankenaustausch, während man von einem Ort zum anderen geht. Um Mädchen zu treffen, solle man ins Konzert gehen, hat Woody Allen empfohlen. Das war nicht nur ein Bonmot, denn um jemanden kennenzulernen, der so tickt wie man selbst, und nicht nur auf der Ebene sexueller Beziehungen, hat man mehr Gelegenheit während einer Konzertpause, als wenn man sich in der Südkurve verschanzt.

DAS RECHT AUF GLÜCK

Die amerikanische Unabhängigkeitserklärung spricht dieses Recht allen Menschen zu. Dabei gibt es jedoch ein Missverständnis. Wir werden uns daran gewöhnen müssen, uns ein glückliches Leben in kollektiven Begriffen vorzustellen und nicht als nur individuelle Erfüllung.

Zuweilen beschleicht mich der Verdacht, dass viele der Probleme, mit denen wir uns herumschlagen – zum Beispiel der Verfall der Werte, die Kapitulation vor den Verführungen der Werbung, das Bedürfnis, im Fernsehen zu erscheinen, der Verlust des historischen wie auch des individuellen Gedächtnisses, kurzum, all die Dinge, die man in Glossen wie dieser beklagt –, auf die unglückliche Formulierung der amerikanischen Unabhängigkeitserklärung vom 4. Juli 1776 zurückgehen. Deren Verfasser hatten in freimaurerischem Vertrauen auf ein »fortschreitendes und herrliches Geschick« (Leopardi) beschlossen, dass »allen Menschen das Recht auf Leben, Freiheit und Streben nach Glück« zuerkannt werde.

Schon oft wurde gesagt, damit sei zum ersten Mal in den Gründungsakten eines Staats das Recht auf Glück postuliert worden statt der Pflicht zum Gehorsam oder ähnlich strenge Auflagen, und auf den ersten Blick handelte es sich tatsächlich um eine revolutionäre Verlautbarung. Freilich hat sie aus semiotischen Gründen, wie ich es nennen würde, Missverständnisse erzeugt.

Es gibt eine unermesslich große Literatur über das Glück,

angefangen bei Epikur und vielleicht noch früher, aber vom gesunden Menschenverstand aus betrachtet, kann keiner von uns, glaube ich, sagen, was Glück ist. Versteht man darunter einen Dauerzustand, die Vorstellung von einer Person, die ihr ganzes Leben lang glücklich ist, ohne Zweifel, ohne Schmerzen, ohne Krisen, dann scheint es sich um das Leben eines Idioten zu handeln oder bestenfalls um das eines Menschen, der isoliert von der Welt lebt und keinerlei Ambitionen hat, die über eine Existenz ohne irgendwelche Erschütterungen hinausgehen – man denke an Philemon und Baucis. Doch selbst sie, lässt man einmal die Poesie beiseite, müssen wohl ein paar schlimmere Momente erlebt haben, und sei es auch nur eine Grippe oder Zahnweh.

Das Problem ist, dass das Glück, als absolute Erfüllung, als Trunkenheit, als Gefühl, man könne den Himmel mit dem Finger berühren, ein flüchtiger, episodischer Augenblick ist: die Freude über die Geburt eines Kindes, darüber, dass der geliebte Mensch unsere Gefühle erwidert, vielleicht auch die Freude über einen Lottogewinn, über das Erreichen eines Ziels (sei es der Oscar, der Pokal, das Match), ja selbst über einen Ausflug aufs Land. Doch sind das eben alles flüchtige Augenblicke, danach folgen die des Zitterns und Zagens, des Schmerzes, der Angst oder zumindest der Sorge.

Bei der Vorstellung vom Glück denken wir überdies stets an unser persönliches Glück, nur selten an das der Menschheit, ja, wir werden vielmehr häufig dazu verleitet, uns kaum um das Glück der anderen zu kümmern, um das unsere verfolgen zu können. Selbst das eigene Liebesglück fällt oft mit dem Unglück eines verschmähten Verehrers zusammen, der uns herzlich einerlei ist, während wir uns über unsere Eroberung freuen.

Diese Vorstellung vom Glück durchdringt die Welt der Werbung und des Konsums, in der jede Aufforderung als Aufruf zu einem glücklichen Leben daherkommt – die Creme zur Straffung der Haut, das Waschmittel, das endlich alle Flecken beseitigt, das Sofa zum halben Preis, der Digestif nach dem Unwetter, das Büchsenfleisch, um das sich die glückliche Kleinfamilie bei Tisch versammelt, das schöne und preiswerte Auto und der Tampon, der es erlaubt, den Aufzug zu betreten, ohne dass andere Leute die Nase rümpfen.

Selten denken wir an das Glück, wenn wir zur Wahl gehen oder ein Kind auf die Schule schicken, sondern nur, wenn wir überflüssige Dinge kaufen und glauben, auf diese Weise unserem Recht auf Streben nach Glück Genüge getan zu haben.

Wann hingegen beschäftigen wir uns, die wir ja keine herzlosen Tiere sind, mit dem Glück der anderen? Wenn uns die Massenmedien das Unglück anderer Menschen präsentieren, Negerkinder, die, von Mücken umschwirrt, hungers sterben, unheilbar Kranke, ganze Bevölkerungen, die von einem Tsunami vernichtet wurden. Dann sind wir sogar bereit, einen Obolus zu geben oder im besten Fall einen höheren Betrag, der steuerlich absetzbar ist.

Die Unabhängigkeitserklärung hätte nämlich festhalten müssen, dass allen Menschen das Recht beziehungsweise die Pflicht zugestanden wird, das Maß an Unglück auf der Welt, natürlich auch unser eigenes, zu verringern. Dann hätten viele Amerikaner kapiert, dass sie sich der kostenlosen ärztlichen Behandlung nicht zu widersetzen brauchen. Statt dessen sind sie dagegen, weil dieser bizarre Gedanke ihr persönliches Recht auf ihr persönliches Steuerglück zu verletzen scheint.

KITSCH KITSCH KITSCH
HURRA!

*Alle reden davon, aber keiner weiß genau, was es ist. Zu seiner
Definition wurden verschiedene Kategorien herangezogen, doch
oft findet sich das Kitschige nicht im Werk, sondern im Auge des
Betrachters – der es in einen Fetisch verwandelt. Wie es mit der
Mona Lisa geschieht.*

Vom Kitsch reden alle, aber keiner weiß genau, was es ist, und
daran sind nicht diejenigen schuld, die es nicht wissen, sondern
die unzähligen Analysen und Definitionen zu dem Begriff. Ich
lese gerade das schöne Buch von Andrea Mecacci – »Il Kitsch«,
Verlag Il Mulino – und empfehle es gebildeten Lesern, Studen-
ten und (ohne irgendjemandem zu nahe treten zu wollen) vielen Wissenschaftlern. Der Autor hat die ganze umfangreiche Literatur zum Thema untersucht und hilft uns, die vielfältigen
Formen des Kitschs zu begreifen – vom schlechten Geschmack
bis zur Pseudokunst, zum Camp, zu diversen Formen der Post-
moderne und zum Trash.

Zu Beginn der sechziger Jahre hatte ich mich in meinem
Buch »Apokalyptiker und Integrierte«, dessen fünfzigstes Jubi-
läum gerade von ein paar Leuten wohlwollend gefeiert wird,
mit dem Kitsch beschäftigt, aber Mecaccis Buch bringt mich
auf viele neue Ideen. Es ist gewiss leicht, Kitsch als den Geschmack der anderen zu definieren – Gartenzwerge, rührselige
Romane, die Schlösser König Ludwigs, der ganze Geschmack
am Vergangenen und so weiter. Aber ich glaube nicht, dass man

Rassist oder Ästhet sein muss. Warum soll man jemandem das Vergnügen missgönnen, Gongolo und Eolo zwischen den Dahlien zu betrachten oder die Dinge, die Madame Bovary so gefielen: »… verfolgte Damen, die in einsamen Pavillons in Ohnmacht sanken … Seelenkämpfe, Schwüre, Schluchzen, Tränen und Küsse, Nachen im Mondschein«?

Und warum sollte man es Leuten missgönnen, dass sie an Bildern Gefallen finden, die sentimentale Empfindungen hervorrufen wie zum Beispiel Kinderfotos oder Porzellanhunde, auch wenn Kundera uns daran erinnert, dass es ganz natürlich sei, über die Wiese laufende Kinder schön zu finden, während es rührseliger Kitsch sei, zu denken: »Wie schön ist es doch, gemeinsam mit der ganzen Menschheit beim Anblick von über die Wiese laufenden Kindern gerührt zu sein.«

Eines der Probleme beim Kitsch ist es, ein Objekt zu definieren, das an sich kitschig ist – wenn zum Beispiel die Gegenstände im Salon von Großmutter Speranza für Gozzano rührend und für seine ersten Leser kitschig waren, sind sie es nicht mehr für diejenigen, die am »retro«, »vintage« oder Camp Geschmack finden.

Ich möchte noch immer an meinem alten Begriff des kitschigen Gegenstands festhalten, den ich seinerzeit als Boldinismus in der Kunst definierte (Mecacci stimmt mir darin zu). Boldini malte Porträts reicher Damen, die von ihnen selbst und ihren Ehemännern bezahlt wurden, und er malte sie so, dass sie einen nicht nur sentimentalen, sondern auch fleischlichen Effekt hervorrufen konnten und sinnlich und begehrenswert wirkten, zumindest vom Kopf bis zur Taille. Unterhalb der Taille gab es hingegen einen Aufruhr der Pinselstriche, der an impressionistische Malerei erinnerte. (Boldini wäre ein guter Künstler des Informel gewesen …) Auf diese Weise schmuggelte Boldini mit einem künstlerischen Zitat etwas beinahe Pornographisches ins Bild, ähnlich wie später der »Playboy« seine absolut ehrenwerten Aktfotos dadurch akzeptabel machte, dass er sie mit Texten bekannter Autoren begleitete, die automatisch den Kitsch beglaubigten. Und zum Thema Kitschobjekt würde ich nicht die ehrlichen Pornoromane oder Pornofilme zitieren (die genau das verkaufen, was sie versprechen, ohne so zu tun, als lieferten sie ästhetische Empfindungen), aber unbedingt »Emmanuelle« und »Die Geschichte der O«.

In den meisten Fällen liegt das Kitschige jedoch nicht im Objekt, sondern in unserem Blick. Nehmen wir das bekannteste Beispiel. Gewiss ist die Mona Lisa ein großes Kunstwerk, und einige (aber nur einige) jener Menschen, die den Louvre besuchen, möchten sie auch als solches bewundern und genießen. Doch die Masse der Touristen, die sie aus der Entfernung sieht und sich besorgniserregend dicht an das Bild herandrängt, »sieht« die Mona Lisa zwar, »betrachtet« sie aber nicht, sondern versucht vielleicht, sie zu fotografieren (während sie doch hervorragende Abbildungen, auf denen man jeden Pinselstrich erkennt, im Internet finden könnte). Dabei tritt einer dem andern auf die Füße, um sagen zu können: »Ich habe sie gesehen«, und ignoriert die anderen bedeutenden Kunstwerke im selben Saal und in den Sälen gleich daneben. Und so wird die Gioconda zum Kitschfetisch, ohne dass sie etwas dafür kann.

Das gleiche ist mit Vermeers »Mädchen mit dem Perlenohrring« passiert. Dieses großartige Bild ist in dem Film, der die Geschichte dazu erzählt, mit Respekt behandelt worden, auch wenn er unfreiwillig die Fetischisierung in Gang gesetzt hat. Als das unglückliche junge Mädchen einmal in Bologna ausgestellt war, zog es Massen von Menschen an, die sich (zum Glück nicht alle) schlicht dem Fetisch nähern wollten.

SIEBENHUNDERTSIEBENMAL
SIEBEN

Jede Menge Beispiele für die beliebteste magische Zahl hat die Autorin Meri Lao zutage gefördert. Beliebter als die Drei, die Vier oder die Fünf, die doch auch eine eigene Mystik besitzen, ist die Sieben. Doch mindestens ein Beispiel hat sie vergessen …

Meri Lao hat viele Bücher geschrieben, bei denen es darauf ankam, dass die Themen recht ausgefallen waren. Nach mehreren (sehr gut dokumentierten) Büchern über den Tango, einem Buch über Sirenen, einem weiteren über die revolutionären Lieder Lateinamerikas legt sie nun beim Verlag DigiSet ein Werk vor, dessen Titel es den Böswilligen verbietet, die Passion der Autorin wahnwitzig zu nennen: »Wahnwitziges Lexikon der Sieben«.

Natürlich gab es durch die Zeiten die Mystik der Drei: die Dreieinigkeit, Vergangenheit, Gegenwart und Zukunft, die drei Grazien, die drei Furien, die drei Parzen, die drei Böden der Arche und so weiter. Die Mystik der Vier: Leonardos vitruvianischer Mensch, die Elemente, die wichtigsten Winde, die Kardinalpunkte, die Mondphasen, die Jahreszeiten, die Buchstaben des Namens »Adam«. Die Mystik der Fünf, der Zahl, die immer auf sich verweist, wenn sie multipliziert wird – das Wesen der Dinge, die Elementarzonen, die lebenden Gattungen, der Pentateuch, die fünf Wundmale des Herrn, der Mensch, eingeschrieben in einen Kreis, dessen Mitte der Nabel ist, während der von den geraden Linien, die die äußersten Punkte einer Figur verbinden, gebildete Kreis ein Pentagon ergibt.

Doch man hat den Eindruck, dass die Sieben die beliebteste magische Zahl ist, und wenn sich ein paar Freunde abends nach dem Essen um den Tisch versammeln würden, könnten sie bestimmt Beispiele zuhauf finden (einmal abgesehen von den vielen Sieben, die in der Apokalypse auftauchen): die sieben Zwerge, die römischen Könige und Hügel, die Werke der Barmherzigkeit, die mageren Jahre, das verflixte siebte Jahr, der siebte Himmel, die sieben Farben des Regenbogens, die sieben Schmerzen, die Gaben des Heiligen Geistes, die Brüder Cervi, die Schöpfungstage, der Siebenjährige Krieg, die Glorreichen Sieben und die sieben Samurai, die sieben Weltwunder, die Todsünden, die Pfeiler der Weisheit, die sieben Weisen, die sieben Brücken von Königsberg, die Sakramente, die siebenjährige Amtszeit, das Seven-up, die Siebenmeilenstiefel, das siebte Kavallerieregiment, das die Postkusche rettet, die sieben Schwestern (der Ölkonzerne), die sieben Bräute für die sieben Brüder, die Leben der Katze, die Boing 707, 747, 767 und 777 und schließlich noch 007. Doch das wären dann nur ungefähr dreißig Belege, während es Meri Lao auf mehr als 350 Seiten auf (logischerweise) 707 bringt, zusammen mit kuriosen Illustrationen und umfangreichem historischen Kommentar.

Die Autorin erklärt, sie habe zunächst an die Sieben in Babylon gedacht, an die sieben Reisen Sindbads in Bagdad, an die sieben Kreise des elliptischen Minaretts in Samara, an die siebenstöckigen Ziggurat in Khorsabad. Dann habe sie natürlich diverse esoterische Texte erforscht, orientalische Literatur und Mythologie, New Age und Verwandtes. Und zum Glück sei sie »laizistisch, agnostisch und skeptisch« geblieben.

Jedenfalls entdecken wir zusammen mit dieser Skeptikerin die sieben Nebenflüsse des Sankt-Lorenz-Stroms, die sieben goldenen Bäume bei Dante, die Jahre der Diktatur in Argentinien und die, die Einstein in Bern gelebt hat; ferner die Jahre

»verrückten und verzweifelten Studiums«, die Leopardi in der väterlichen Bibliothek verbrachte, die Jahre, die Odysseus bei Kalypso war, die sieben freien Künste, Pasqualino settebellezze, die sieben Merkmale des von Mendel untersuchten Erbsenschösslings, die Punkte des Marienkäfers, die fünfundzwanzigmal im Koran erwähnte Sieben, die japanischen Glücksgötter, die jeweils von Sophokles und Aischylos erhaltenen Stücke, die Sterne auf der Flagge der Cherokee-Nation, die Söhne und die Töchter Niobes, die Kinder, die Bach mit seiner ersten Frau hatte, die Musicals mit Fred Astaire und Ginger Rogers, die portugiesischsprachigen Länder, die Teile, die vom menschlichen Körper abstehen, die Saiten von Apollos Leier, die Sterne der Plejaden, die sieben Romane von Prousts »Recherche«, die Strahlen an der Krone der Freiheitsstatue, die Vokale des griechischen Alphabets, die Halswirbel, die Einteilung der Euroscheine, die Stufen, Bögen, Tore des Theaters der Erinnerung von Camillo, die von Comte klassifizierten Wissenschaften und die von Empson analysierten Typen der Ambiguität.

Und hier muss ich aufhören, weil ich keinen Platz mehr habe. Aber ich wollte mindestens eine Auslassung finden, und das ist mir auch gelungen: »Das Haus der sieben Giebel« von Hawthorne. Das befriedigt mich ungemein.

VON NERO WOLFE
ZUM ROMAN NOIR

Es ist nicht leicht zu verstehen, was das Genre von einem klassischen Detektivroman unterscheidet, es sei denn, die vorgeblich höhere literarische Qualität, die oft gar nicht gegeben ist. Die Verlage nutzen jedoch die Unterscheidung, damit sich der Leser unter dem Sonnenschirm am Strand gepflegter unterhalten vorkommt.

Ich bin immer leicht befangen, wenn man mir von einem »roman noir« spricht, auch wenn dieser Begriff heutzutage, sei es in den Rezensionen, sei es in der Werbung, viel zu oft gebraucht wird. Ganz gewiss ist ein »roman noir« kein »giallo«. Was sich in Italien – und nur in Italien – wegen der gelben Umschläge des Verlags Mondadori so nennt, war zumindest am Anfang der Detektivroman. Mythische Figuren des Detektivromans sind Sherlock Holmes, Hercule Poirot, Nero Wolfe und viele andere. Das kanonische Schema ist wohlbekannt: Die Ruhe eines bestimmten Milieus wird von einem Verbrechen gestört, ein Mensch mit überlegenem Verstand macht es sich zur Aufgabe, verschiedene Indizien zu interpretieren, und am Ende wird der Schuldige (der niemals der Butler sein darf, wie Van Dine empfahl) ausfindig gemacht und die Ordnung wiederhergestellt.

Zur Unterscheidung der Genres kam es in den ersten Jahrzehnten des 20. Jahrhunderts mit dem Erscheinen der amerikanischen »hard boiled novel«, man denke etwa an Autoren wie Hammett, Chandler, Peter Cheyney, James Hadley Chase, Horace McCoy und den neurotischen, sadistischen McCarthy-

Anhänger Spillane. In diesen Geschichten gibt es zwar viele Leichen, und man muss einen Schuldigen oder auch mehrere aufspüren, aber weder ist der Detektiv ein Mann mit überlegenem Verstand, noch steht er der Welt des Verbrechens fern, in der er sich bewegt. Er ist Teil davon, arbeitet manchmal mit ihren Methoden und steckt so tief darin, dass er oft heftige Prügel bezieht; er kann im Kern anständig sein, ist aber nie ganz ohne Makel, denn Gegenstand der Darstellung ist eine im sozialen Sinn kranke Welt.

Manche meinen, die Welle des »roman noir« habe 1945 mit der französischen Série Noire begonnen, doch wurden für diese berühmte Reihe nur die Klassiker der amerikanischen »hard boiled novel« übersetzt. In einer Art Manifest zu dieser Serie warnte Marcel Duhamel die Liebhaber des Rätsellösens à la Sherlock Holmes, sie würden nicht auf ihre Kosten kommen, man habe es mit Polizisten zu tun, die noch korrupter seien als die Kriminellen, und manchmal gebe es weder ein Geheimnis noch einen Detektiv. Bleibe also nur die Handlung, und wie im Film äußere sich die jeweilige geistige Verfassung in Gesten – Leser, die auf Innenansichten aus seien, würden zwangsläufig enttäuscht.

Wenn diese Sätze die Atmosphäre der »hard boiled novel« perfekt illustrieren, so scheinen sie doch nicht Situationen zu interpretieren, wie wir sie oft in Romanen vorfinden, die uns heute als »noir« präsentiert werden. Irene Bignardi hat zwar daran erinnert, als sie vor ungefähr fünfzehn Jahren vom »roman noir« sprach, dass »es die Unruhe ist, die Unsicherheit, die Angst, das verrückte, abweichende Stück Realität, die die speziellen, abweichenden Eigenschaften des ›noir‹ ausmachen … der die Unmöglichkeit darstellt, die Dinge in Ordnung zu bringen, die Ordnung wiederherzustellen, die es nicht gibt«, und oft ist in den »noir« der Detektiv tatsächlich eher ein Antiheld.

Doch gewöhnlich begibt er sich nicht in schäbige Kneipen in übel beleumdeten Stadtvierteln, um die Ganoven zu provozieren, manchmal gibt es nur eine ziemlich niedrige Dosis von Gewalt, und vor allem dominiert das unbehagliche Gefühl, in der uns umgebenden Gesellschaft stimme etwas nicht. (Im traditionellen Kriminalroman hingegen war es nur der Schuldige, der untragbar war, und sobald er ausgeschaltet war, funktionierte die Gesellschaft wieder so hervorragend wie eh und je.)

Im Zweifelsfall ist der Detektiv im »roman noir« nicht nur ein Klischee, das mit all seinen bezeichnenden Ticks festgehalten wird, wie es bei Poirot oder Philo Vance der Fall war, auch ist er nicht nur durch seine Gesten definiert (wie Sam Spade), sondern er erhält psychologische Tiefe – eine Eigenschaft, die allerdings auch Detektivromanen wie jenen Simenons nicht fehlte. Und häufig können Romane wie diejenigen Camilleris, die auch Detektivromane sind, als »noir« gelten.

Nun erhebt sich ein Zweifel: Der traditionelle Krimi wurde, wenn auch zu Unrecht, als Produkt für die Kioske betrachtet, das nichts mit Literatur zu tun hatte, während ein in der Buchhandlung verkaufter Roman, dem literarische Qualitäten zugesprochen werden, als »noir« bezeichnet wird.

In diesem Fall jedoch wird »noir«, unabhängig von Stil und Thema, nur als kommerzielle Empfehlung betrachtet, und es ist wichtig, dass man »noir« und nicht »nero«, schwarz, sagt, weil es anspruchsvoller wirkt: Kauft das Buch, denn es ist ein »noir« und nicht bloß ein Krimi, den man unter dem Sonnenschirm am Strand liest. Und so landen viele »romans noirs« unter dem Sonnenschirm, die überhaupt nicht »noir« sind. Und nach wie vor kapiere ich nicht, was genau das sein soll.

LOB DES SCHWEIGENS

*Der neue Präsident der Republik ist ein Mann weniger Worte –
eine Tugend, aber auch ein Laster sowohl von Sizilianern als auch
von Piemontesen. In jedem Fall ist es eine Eigenschaft, die in einer
immer mehr vom Lärm beherrschten Welt löblich ist.*

Ich persönlich bin sehr zufrieden mit dem Ausgang der Präsi-
dentschaftswahlen. Nachdem ich als bewusster Bürger beschlossen hatte, ein paar Wochen lang alle Phasen der Wahl zu
verfolgen, von der Presse, dem Fernsehen und den verschiedenen Onlineaktivitäten bis hin zu den Marathonsendungen,
in denen die verschiedenen Vorschläge, Entscheidungen und
rückgängig gemachte Entscheidungen minütlich kommentiert
wurden, muss ich allerdings gestehen, dass ich mich vom Lärm
überwältigt fühlte. Ist es denn in einer Epoche, in der man alles
am liebsten im Streaming machen würde, wirklich unerläss-
lich, dauernd laut zu verkünden, was in einem bestimmten Augenblick gerade passiert und sich vielleicht nur wenige Sekun-
den später ändern wird?

Ich glaube nicht, dass ich ein Gegner demokratischer Prin-
zipien bin, wenn ich finde, dass sich viele politische Verhand-
lungen, um nicht verfrüht in Mord und Totschlag zu enden, in
aller Stille und durch kluge Beratungen abspielen sollten und
dass dann die öffentliche Meinung ihre Resultate bewerten
müsste – denn solange man darüber spricht, kann sie sich nicht
einschalten, um die einzelnen Schritte zu verändern.

So war ich erleichtert, als der neugewählte Präsident bei der

Amtseinsetzung nur vier ganze Wörter sprach. Ein Hoch auf den Vertreter der sizilianischen Tradition, die einen veranlasst, nur sehr wenig zu reden. Nicht nur die Sizilianer, auch die Piemontesen sprechen nur wenig. Natürlich entspricht dieser Neigung, die eine Tugend ist, auch eine Kehrseite, das Laster der Omertà. Nicht auf Sizilien, sondern nur wenige Kilometer von meiner Heimatstadt entfernt gibt es einen Ort namens Mandrogne. Es hieß, die Bewohner (deren Herkunft alt und mysteriös ist) pflegten diesen Kult des Schweigens bis zu einem solchen Grad, dass dem Postboten, wenn er nach der Adresse eines gewissen, sagen wir, Mario Rossi fragte, vom Angesprochenen mit einem schlichten Kopfschütteln zu verstehen gegeben wurde, er kenne sie nicht – auch wenn er selber Mario Rossi war. Vielleicht sind es bloß Legenden, aber sie gefallen mir nicht übel. Das Schweigen kann ein Delikt sein, doch ist es häufig eine Verteidigung der eigenen Privatsphäre. Man will einfach die Dinge nicht in aller Öffentlichkeit ausbreiten.

Während also alle zu viel sprachen, fiel mir Harpokrates ein, der Gott des Schweigens. Er entstammt der ägyptischen Mythologie und besaß viele Eigenschaften, doch oft wurde er mit dem Finger auf dem Mund dargestellt. So wurde er – das bezeugt auch Plutarch – zum Gott des initiatorischen Schweigens, das dazu verpflichtet, die heiligen Mysterien nicht zu enthüllen. In der Neuzeit begann die Figur des Harpokrates in den »Emblemata« des Alciati aufzutauchen, in Cartaris »Imagini delli Dei de gl'antichi« [Bilder der antiken Götter], in den »Hieroglyphia« des Pierio Valerino. Im 17. Jahrhundert verlor dann die Aufforderung zum Schweigen ihre geheimnisvollen Nebenbedeutungen und bezog sich auf die Zurückhaltung in politischen Dingen, auf die Staatsgeheimnisse, auf die Notwendigkeit, die Vortäuschung oder zumindest die Verschleierung sogar der eigenen Tugenden zu praktizieren.

Alciati hatte das Silentium mit dem Bild eines älteren Gelehrten dargestellt, der den Kopf von seinen Büchern hebt und sich zum Betrachter wendet, den Finger auf die Lippen gelegt. Und er erinnerte daran, dass sich gerade durch das Schweigen der Weise vom Dummen unterscheidet. Das war noch ein Echo der mittelalterlichen Mönchsregeln, die so streng waren, dass sogar fröhliche Worte verboten waren.

Während mir der Kopf dröhnte von den Wörtern aus dem Quirinal, erhielt ich das schöne, im Verlag Laterza erschienene Buch »Silenzi d'autore« [Das Schweigen der Dichter] von Bice Mortara Garavelli zugeschickt. Es finden sich darin unendlich viele Loblieder auf das Schweigen, angefangen von den griechischen Tragödiendichtern bis hin zu den Autoren der Moderne, doch es geht auch um das Schweigen der Mystiker und die Unmöglichkeit für Zeugen des Holocaust, über das Erlebte zu sprechen (wie auch über das schuldhafte Schweigen derer, die nicht zur rechten Zeit darüber gesprochen hatten). Es gibt das beredte Schweigen der Sprache der Liebe, das übermenschliche Schweigen Leopardis, aussagekräftiges Schweigen, und ich möchte auch das kosmische Schweigen erwähnen, das vor dem Urknall herrschte, und das indirekt von Valéry gefeierte Schweigen, der meinte, das Universum sei vielleicht nichts anderes als ein Makel in der Reinheit des Nicht-Seins.

Ich stehle zwei schöne Zitate von Bice Mortara Garavelli. Das eine stammt von Leopardi: »Das Schweigen ist die Sprache aller starken Leidenschaften, der Liebe (auch in den zärtlichen Augenblicken), des Zorns, des Staunens, der Furcht.« Das andere stammt von Montale: »Am meisten recht hat der, der schweigt.«

Und nun schweige auch ich, weil es zum Glück keinen Platz mehr im Streichholzbrief gibt.

NEUESTE NACHRICHTEN:
DIE ERMORDUNG JULIUS CÄSARS

Das Netz ist das Paradies der faulen Berichterstatter. Sie können vom Verfolgungswahn von Verschwörungstheoretikern erzählen, als wäre es wahr, oder uralte Kamellen als Scoop verkaufen. Doch es sind die Leser, die sich gegen diese Art von Journalismus auflehnen müssen.

In den vergangenen Wochen sind in verschiedenen großen Tageszeitungen Berichte erschienen, denen zufolge eine Lehrerin aus der Umgebung von Paris Schülern weismachen wollte, die Welt werde von einer Geheimsekte, den Illuminaten, gelenkt. Genaugenommen entstammte diese Nachricht nur einer einzigen Quelle: Ein französischer Journalist, dem die Themen ausgegangen waren, hatte eine Gruppe von Schülern ausfindig gemacht, die sich im Internet an Nachrichten über eine Weltverschwörung und die Geheimsekte delektierte, die das Schicksal des Planeten bestimmte.

Nun wissen zwar nicht nur die Leser von Büchern (die zu dem Thema Hunderte von Bänden in sämtlichen Sprachen wählen können), sondern auch diejenigen, die nur online unterwegs sind, sehr wohl, dass es eine Fülle von Websites gibt, die sich mit der Weltverschwörung befassen, mit den Herren der Welt, den Zentren geheimer Macht – von den Illuminaten des 18. Jahrhunderts über Davos zu den verschiedenen Bilderberg-Konferenzen, zur Trilateralen Kommission –, und dann, das kann ja nicht ausbleiben, unweigerlich bei den Machenschaften der Weisen von Zion und den krummen Händen der Juden landen, die nach unserem Planeten greifen, wie man es einst in den antisemitischen Wochenzeitungen der Dritten Französischen Republik gegen Ende des 19. Jahrhunderts abgebildet sah.

Es ist uralter Plunder, und aus der umfangreichen Literatur zum Thema (neunzig Prozent davon repetitiver Schund) hat sich Dan Brown bedient, um seinen Bestseller zu fabrizieren. In aller Bescheidenheit: Ich hatte in meinem »Foucaultschen Pendel« von 1988 eine groteske Darstellung dieses Materials geliefert und mich, da es damals noch nicht das Internet gab, in den diversen auf Okkultes spezialisierten Buchhandlungen umgeschaut.

Nun, es steht außer Frage, dass es heutzutage im Internet von Websites über kosmische Verschwörungen wimmelt und dass es Leute gibt, die wirklich daran glauben. Vor allem in einer Zeit, in der Populismus jeglicher Couleur Auferstehung feiert, ist es nur natürlich, dass jemand, der die Phantasie der schlichten Gemüter in Wallung bringen will, stets auf die Verschwörung von Unbekannten als den Ursprung aller unserer Übel zurückgreift. Merkwürdig ist freilich, wie es kommt, dass ganz seriöse Zeitungen, auf die vage Andeutung eines Journalisten hin, der nicht wusste, was er berichten sollte, um sich ein paar Kröten zu verdienen, ungeniert in dem wohlbekannten Sumpf herumwühlten.

Man könnte das Phänomen sehr bösartig im Hinblick auf den Journalismus interpretieren und erklären, dass man, bloß um eine Seite zu füllen, die unerhebliche Geschichte vom Hund, der einen Menschen beißt, aufbläst, weil gerade kein Mensch vorhanden ist, der einen Hund beißt. Schon gut, das passiert oft, aber es ist trotzdem erstaunlich, dass die Leser diese Nicht-Nachricht akzeptiert, ja sogar mit Vergnügen gelesen haben.

(Ich habe unter meinen Bekannten herumgefragt: »Sieh mal an, wer hätte das gedacht ...«)

Das führt uns zu reichlich traurigen Gedanken über das Internet: Im großen Meer des Netzes, in dem alles erzählt wird, was immer sich erzählen lässt – und wo wir, was weiß ich, die Biographie von Hammurabis Tante genauso finden können wie die Uniformen der Soldaten im Siebenjährigen Krieg, die Blutgruppe Napoleons oder die Zahl der Zähne, die Goliath nach Davids Wurf mit der Schleuder noch besaß –, ist alles zu wissen (oder wissen zu können) gleichbedeutend damit, alles zu vergessen (oder vergessen zu können).

Es würde also genügen, wenn der schlampige Journalist zufällig auf einer Website auf einen altbekannten Fall stieße, darüber einen Riemen mit der Schlagzeile »Sensationelle historische Entdeckung« schriebe und uraltes Material in der stillen Überzeugung verkaufte, es sei inzwischen obsolet und könne folglich nach Belieben wiederaufbereitet werden, ohne dass die Leser protestierten.

Man könnte sich also eine Doppelseite vorstellen mit dem Titel: »Außerordentliche Entdeckung von Cambridge-Professoren: Cäsar wurde an den Iden des März ermordet«, und der Verfasser würde vom Chefredakteur belobigt: »Mein Junge, woher hast du nur die Information, das ist tatsächlich ein Scoop!«

Und das könnte eigentlich eine gute Form der Wiederholung sein. Haben wir nicht im Gymnasium römische Geschichte lernen müssen, die wir schon Jahre vorher behandelt haben? Man brauchte nur zu sagen, dass es sich um eine Wiederholung handelt und nicht um die neueste Nachricht.

PROUST UND DIE »BOCHES«

Die europäische Identität ist ein altes Problem. Doch schon seit langem gibt es den Dialog zwischen Literaturen, Philosophien, musikalischen Werken und Theaterstücken. Und auf diesem Dialog gründet sich eine Gemeinschaft, die dem größten aller Hindernisse Widerstand leistet: dem sprachlichen.

Menschen, die meinen Beruf ausüben, unternehmen enorme Anstrengungen, um Kongressen, Symposien und Interviews aus dem Weg zu gehen, die sich obsessiv mit dem Thema der europäischen Identität beschäftigen. Es ist dies ein altes Problem, das sich jedoch in den letzten Jahren, seit viele diese Identität leugnen, zugespitzt hat. Erstaunlich, dass sich unter jenen, die sich gegen eine europäische Identität aussprechen und den Kontinent am liebsten in viele winzige Vaterländer aufgeteilt sähen, häufig ziemlich ungebildete Menschen befinden, die nicht nur quasi von Natur aus fremdenfeindlich sind, sondern auch nicht wissen, dass von 1088 an, als die Universität von Bologna gegründet wurde, »clerici vagantes«, fahrende Scholaren jeglichen Schlags, von einer Universität zur andern reisten, von Uppsala bis nach Salerno, und sich dabei in der einzigen Sprache unterhielten, die sie alle beherrschen: auf Latein. Man gewinnt daher den Eindruck, es seien nur die Gebildeten, die die europäische Identität als solche empfinden. Es ist zwar traurig, aber für den Anfang genügt es.

Zu dem Thema möchte ich ein paar Seiten aus Prousts »Wiedergefundener Zeit« zitieren. Wir sind in Paris während des Ersten Weltkriegs, die Pariser fürchten die Angriffe der Zeppeline, und die öffentliche Meinung traut den verhassten »boches« jede Schandtat zu. Nun, bei Proust herrscht eine Atmosphäre der Deutschenfreundlichkeit, das geht aus den Gesprächen der Figuren hervor. Deutschfreundlich ist zum Beispiel Charlus, auch wenn seine Bewunderung der Deutschen nicht so sehr von einer kulturellen Identität, sondern von seinen sexuellen Neigungen abzuhängen scheint: »›Doch die Bewunderung für die Franzosen darf uns nicht dazu führen, den Gegner zu verachten […] Sie ahnen nicht, was für ein Soldat der deutsche Soldat ist, Sie haben ihn eben nicht gesehen wie ich, wenn er im Paradeschritt, im Stechschritt vorbeidefiliert.‹ Und noch einmal auf das Ideal der Männlichkeit zurückkommend, das er mir in Balbec skizziert hatte […], fuhr er fort: ›Sehen Sie, dieser prachtvolle Bursche, ich meine den Boche als Soldaten, ist ein kraftvolles, ein gesundes Geschöpf, das einzig an die Größe seines Landes – Deutschland über alles! – denkt.‹«

So viel zu Charlus, auch wenn sich bereits in seinen philoteutonischen Reden manche literarische Reminiszenzen einschleichen. Sprechen wir von Saint-Loup, dem tapferen Soldaten, der in der Schlacht fallen wird. »Um mir gewisse Gegensätze von Licht und Schatten zu veranschaulichen, die für ihn das ›Entzücken seiner Morgenstunde‹ gebildet hatten, zitierte er gewisse Bilder, die wir beide sehr liebten, und scheute sich nicht, auf eine Seite von Romain Rolland und sogar von Nietzsche mit der gewissen Unabhängigkeit von Frontsoldaten anzuspielen, die nicht von der gleichen Furcht beherrscht waren, einen deutschen Namen auszusprechen, wie die Leute in der Etappe … Wenn Saint-Loup mir gegenüber ein Lied von Schumann erwähnte, so führte er den Titel immer nur in deutscher Sprache an und machte keinerlei Umschweife, um mir zu sagen, dass er beim Anhören des ersten Vogelgezwitschers im Morgengrauen an ebenjenem Waldrand berauscht gewesen sei, als habe zu ihm der Vogel aus der ›erhabenen Siegfriedschöpfung‹ gesprochen, die er nach dem Kriege wieder zu hören hoffe.« Und weiter: »Ich erhielt die Nachricht vom Tode Robert de Saint-Loups, der am zweiten Tag nach seiner Rückkehr an die Front gefallen war, als er den Rückzug seiner Leute zu decken sich bemühte. Niemals hatte ein Mann weniger als er den Hass gegen ein Volk genährt … Die letzten Worte, die ich aus seinem Munde vor sechs Tagen vernommen hatte, waren die ersten Zeilen eines Liedes von Schumann, die er auf meiner Treppe in deutscher Sprache vor sich hin gesummt hatte, so dass ich ihn sogar der Nachbarn wegen bat, damit aufzuhören.« Und Proust fügte an einer späteren Stelle hinzu, man sei nach den ersten Kriegsjahren weniger deutschfeindlich gewesen, habe sich aber noch ein Mäntelchen vaterländischer Gesinnung umhängen müssen. »Ein Professor schrieb ein hervorragendes Buch über Schiller, und es wurde auch in den Zeitungen besprochen. Doch bevor man von dem Verfasser des Werkes redete, stellte man allem anderen voran, er sei an der Marne, bei Verdun gewesen, habe fünf Auszeichnungen erhalten und zwei Söhne an der Front verloren. Dann lobte man die Klarheit, die Tiefe seines Buches über Schiller, den man immer noch als ›groß‹ zu qualifizieren dadurch ermöglichte, dass man ihn statt ›den großen Deutschen‹ diesmal ›einen großen Boche‹ hieß.«

Das ist es, was der kulturellen Identität Europas zugrunde liegt: ein langer Dialog zwischen Literaturen, Philosophien, musikalischen Werken und Theaterstücken. Auch ein Krieg kann das nicht auslöschen, und auf dieser Identität gründet sich eine Gemeinschaft, die dem größten aller Hindernisse, dem sprachlichen, Widerstand leistet.

INHALT

Die Proust-Zitate auf den Seiten 42–43 stammen aus:
Marcel Proust, *Die wiedergefundene Zeit* (*Auf der Suche nach der verlorenen
Zeit. Siebter Teil*), aus dem Französischen von Eva Rechel-Mertens,
© Suhrkamp Verlag Frankfurt am Main 1984.

1 2 3 4 5   19 18 17 16 15

ISBN 978-3-446-24989-9
© Umberto Eco
© Bompiani – RCS Libri S.p.A., Mailand
Alle Rechte der deutschen Ausgabe
© Carl Hanser Verlag München 2015
Umschlag: Peter-Andreas Hassiepen, München © Wolf Erlbruch
Satz im Verlag, Stefanie Staat
Druck und Bindung: GGP Media GmbH, Pößneck
Printed in Germany

MIX
Papier aus verantwor-
tungsvollen Quellen
FSC® C014496
FSC
www.fsc.org